Angelika Schmelzer

Longieren – sachkundig und sicher

Tipps für sichere und
erfolgreiche Longenarbeit

Inhalt

Einführung 3

Faktor Sicherheit 4
   Sicherheit geht vor 4
   In der Ruhe liegt die Kraft 5

Ausrüstung für die
Longenarbeit 6
   Ausrüstung für das Pferd 7
   Die kleinen Helfer 8
   Longier-Arbeitsplatz 12

Einsatz der Ausrüstung 13
   Verschiedene Ziele,
   verschiedene Techniken 13
   Richtiger Einsatz von Hilfszügeln ...15

Grundsätze der Longenarbeit...17
   Die drei Phasen des Trainings 17
   Verständigung zwischen Pferd
   und Longenführer........................19

Für jedes Pferd
das richtige Training 24
   Anlongieren junger Pferde 24
   Longentraining des Reitpferdes 26
   Ablongieren 27
   Longieren unter dem Reiter 28
   Stangenarbeit und Cavalettitraining 29

Probleme und Lösungen 31

Impressum

Copyright © 2004 by
Cadmos Verlag GmbH, Brunsbek
Gestaltung und Satz: Ravenstein, Verden
Fotos: Angelika Schmelzer
Titelfotos: Angelika Schmelzer,
Jürgen Stroscher
Druck: Westermann Druck, Zwickau

Alle Rechte vorbehalten.
Abdrucke oder Speicherung in
elektronischen Medien nur nach
vorheriger schriftlicher Genehmigung
durch den Verlag.
Printed in Germany.

ISBN 3-86127-281-4

EINFÜHRUNG

Die Arbeit an der Longe begleitet alle unsere Pferde auf ihrem Ausbildungsweg.

Einführung

Neben der Arbeit unter dem Sattel nützt jeder Reiter und Fahrer auch verschiedene Methoden der Bodenarbeit bei der Ausbildung seines Pferdes. Die gebräuchlichste und wohl auch vielseitigste Technik ist das Longieren an der einfachen Longe, bei der sich das Pferd an einer etwa 8 Meter langen Leine, der Longe, auf einer Kreisbahn bewegt. Dieses Grundprinzip kann durch den Einsatz ganz verschiedener Ausrüstungsgegenstände und die Nutzung unterschiedlicher Techniken so variiert werden, dass wirklich jedes Pferd auf jedem beliebigen Ausbildungsniveau durch jeden Reiter, der sich die notwendigen Fertigkeiten aneignet, auf sinnvolle Weise longiert werden kann. Diese Vielseitigkeit wird allerdings nur durch die Einsicht ermöglicht, dass es nicht eine einzige richtige Longiermethode gibt, sondern innerhalb gewisser Grenzen ganz verschiedene Techniken zum Einsatz kommen sollten. Solche Grenzen ergeben sich logisch aus der arttypischen Veranlagung des Pferdes, insbesondere aus angeborenen Reaktionen auf bestimmte Signale des Longenführers, aus der Beachtung des Sicherheitsaspekts und anderen relevanten Faktoren. Bei der Beurteilung unterschiedlicher Formen der einfachen Longenarbeit muss deshalb nicht nur gefragt werden, ob hier sachgerecht longiert wird, sondern auch, ob eine dem momentanen Ausbildungsstand von Pferd und Longenführer entsprechende, die individuellen Stärken und Schwächen des Pferdes berücksichtigende Methode gewählt wurde.

LONGIEREN – SACHKUNDIG UND SICHER

Schuhe und Handschuhe sind beim Longieren Pflicht.

Faktor Sicherheit

Korrekt durchgeführt, ist die Longenarbeit eine ausgesprochen effektive und dabei besonders schonende Form des Trainings, die zudem die Motivation des Pferdes fördert – allerdings nur, wenn der Aspekt der Sicherheit von Pferd und Mensch stets ausreichend Beachtung findet.

Relativ häufig kommt es zu folgenden Unfallsituationen:
- Ein plötzlich erschreckendes Pferd schleift den Longenführer mit sich, weil dieser mit dem Fuß in eine Schlaufe der Longe getreten ist oder sich mit der Hand in den Schlägen der Longe verwickelt hat, die sich schnell zuziehen. Dabei erleidet der Longenführer oft schwere Verletzungen, insbesondere können Finger oder sogar die Hand abgetrennt werden.
- Wendet ein Pferd aus Unwillen oder weil es sich erschreckt hat und rennt in Gegenrichtung davon, wickelt es sich selbst in die Longe und gerät in Panik. Es wird nun haltlos davonlaufen oder stürzen.

Viele Unfälle können verhindert werden, viele Schrecksekunden bleiben folgenlos, wenn bestimmte Regeln stets befolgt werden. Sie betreffen die Ausrüstung von Pferd und Mensch sowie den Umgang des Longenführers mit dem Pferd.

Sicherheit geht vor

Beim Longieren sind Handschuhe und festes Schuhwerk Pflicht. Handschuhe verhindern Brandblasen oder schwere Verletzungen der Finger, wenn ein durchgehendes Pferd dem Longenführer die Longe durch die Finger zieht. Feste Schuhe verleihen auch in Gefahrensituationen einen sicheren Halt und schützen vor blauen Zehen und Knochenbrüchen durch Tritte. Alle Kleidungsstücke werden geschlossen, nichts darf flattern und rascheln – wie beim Reiten auch.

Pferde müssen immer mit Geduld und Zeit an neue Ausrüstungsgegenstände gewöhnt werden. Beim Longieren betrifft dies insbesondere alle Hilfszügel, die das Pferd grundsätzlich in seiner Bewegungsfreiheit einschränken und deshalb in Panik versetzen können, vor allem wenn sie zu früh eingesetzt oder zu schnell eng verschnallt werden. Beim Führen dürfen Hilfszügel nie eingeschnallt sein!

FAKTOR SICHERHEIT

In der Ruhe liegt die Kraft

Der Longenführer muss in jeder Phase des Umgangs mit Umsicht und Ruhe handeln, um so besänftigend auf sein Pferd einzuwirken und bei auftretenden Gefahrensituationen einer Eskalation vorzubeugen. Die wichtigsten Handgriffe wie etwa das Aufnehmen der Longe, die Handhabung von Longe und Longierpeitsche oder das Wechseln der Longierpeitsche werden deshalb am besten in Trockenübungen ohne Pferd gelernt und geübt, bis sie zur Routine geworden sind. Vor allem das korrekte Aufnehmen der Longe ist von großer Wichtigkeit: Die Longe wird zunächst in der für das Longieren vermutlich benötigten Länge erfasst. Mit Hilfe der anderen Hand wird der Rest in annähernd gleich langen Schlaufen aufgenommen, wobei jede einzelne Schlaufe über die nächste gelegt wird. Diese Schläge dürfen nicht so lang sein, dass der Longenführer hinein treten kann, aber auch nicht so kurz, dass sie sich beim plötzlichen Davonstürmen des Pferdes blitzschnell um die Hand des Longenführer zuziehen können. Außerdem zu beachten: Der Longenführer darf die am Ende der Longe befindliche Handschlaufe nie ums Handgelenk legen, sondern sollte sie allenfalls mit den Fingern erfassen.

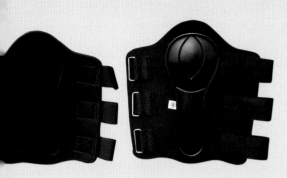

Gamaschen und andere Schutzmaterialien können das Pferd vor Verletzungen bewahren.

Oft wird empfohlen, die Pferdebeine beim Longieren immer durch Gamaschen, Bandagen oder Streichkappen zu schützen. Dies ist jedoch eigentlich nur notwendig, wenn Fehlstellungen und andere anatomische Unzulänglichkeiten dazu führen, dass sich das Pferd bei der Arbeit selbst verletzt, oder bei besonders temperamentvollen Pferden, die unkontrolliert bocken und rasen und sich dabei aus Unachtsamkeit treten. Bei der Mehrzahl der Pferde kann deshalb auf einen solchen Schutz durchaus verzichtet werden.

Sättel oder Longiergurte müssen so fest verschnallt werden, dass sie während der Arbeit nicht ins Rutschen kommen können und das Pferd erschrecken. Alle Ausrüstungsgegenstände sollten so verwahrt werden, dass sie auch bei höheren Geschwindigkeiten nicht flattern, klatschen oder schlagen: Steigbügel werden hochgezogen und sicher verwahrt und nicht eingeschnallte Hilfszügel eingerollt. Eine Ausnahme bildet die gezielte Konfrontation des Pferdes mit potenziell angstauslösenden Reizen während des Aussackens, auf das hier nicht näher eingegangen werden kann.

Die Longe wird so gefasst, dass sie sich nicht um die Hand des Longenführers zuziehen kann.

Für manche Zwecke reicht ein einfaches Knotenhalfter aus.

Ausrüstung für die Longenarbeit

Je nach Inhalten und Zielen der Longenarbeit können ganz unterschiedliche Ausrüstungsgegenstände zum Einsatz kommen. Das wichtigste Handwerkszeug sind Longe und Longierpeitsche. Eine geeignete Longe ist etwa 7 bis 8 Meter lang und besteht aus griffigem und wenig Wasser aufnehmendem Material. Eine Handschlaufe am Ende ist nicht unbedingt notwendig, stattdessen kann auch ein dicker Knoten als Bremse das Durchziehen verhindern. Mit einem leichten, aber stabilen Haken oder einer Schnalle wird die Longe befestigt. Die Longierpeitsche besteht aus einem festen, nicht zu stark federnden Stock und einem Schlag. Vom Griff bis zum Ende misst eine gute Longierpeitsche meist etwa 5 Meter, vom Zirkelmittelpunkt aus kann also das Pferd an jeder Stelle des Körpers erreicht werden. Eine gute Longierpeitsche muss angenehm in der Hand liegen, darf nicht zu schwer sein und der Schlag sollte sich mit ein wenig Übung gut „schnalzen" lassen.

AUSRÜSTUNG FÜR DIE LONGENARBEIT

So nicht: Instabile und dabei scharf wirkende Kappzäume sind für die Longenarbeit ungeeignet.

Nathe-Stangen sind für die Longenarbeit besonders zu empfehlen.

Ausrüstung für das Pferd

Wer als Anfänger erste Routine im Longieren erwerben will oder sein Pferd an der Longe nur kurz zum Dampfablassen laufen lässt, kommt durchaus mit einem stabilen Halfter, einer Longe und einer Longierpeitsche aus. Für diese Zwecke sind Schnurhalfter den normalen Stallhalftern vorzuziehen, da sie eine ähnliche Einwirkung wie etwa ein leichter Kappzaum zulassen.

Eine intensivere und damit effektivere Einwirkung auf das Pferd erlaubt der Kappzaum, ein Kopfstück, das einem breiten Lederhalfter ähnelt und über einen stabilen Nasenbügel verfügt, an dessen Oberseite mittig ein Ring befestigt ist. Oft befinden sich zwei weitere Ringe seitlich am Nasenbügel für das Einschnallen von Zügeln (bei der Verwendung zum Reiten) oder Hilfszügeln. Nasenbügel aus blankem Metall mit gezackter Unterseite, wie sie sich bei manchen spanischen Versionen des Kappzaums finden, sind ungeeignet.

Meist jedoch wird das Pferd für die Longenarbeit mit seinem gewohnten Zaumzeug und Gebiss ausgerüstet. Die Zügel werden ausgeschnallt oder so verwirbelt, dass sie nicht schlackern. Kandarengebisse sind für die einfache Longenarbeit ungeeignet und sollten durch Gebissformen ohne Anzug ersetzt werden. Besonders vorteilhaft für das Longieren wie auch für andere Formen der Bodenarbeit sind Nathe-Stangen, die ruhig im Maul liegen, nicht verkanten und von den meisten Pferden gut angenommen werden.

Ein Schweifriemen verhindert, dass der Longiergurt nach vorne rutscht.

Sollen Hilfszügel eingesetzt werden, trägt das Pferd einen Sattel oder einen Longiergurt. Geeignete Longiergurte sind stabil verarbeitet und mit zahlreichen Ringen versehen: einer mittig oben, also auf Höhe des Widerrists, einer mittig unten, also am tiefsten Punkt der Gurtlage, und mindestens zwei, besser drei bis vier auf jeder Seite. Ungepolsterte Longiergurte müssen mit einer Unterlage versehen werden. Manche Longiergurte werden durch Schweifriemen ergänzt, was insbesondere beim Zug an den Hilfszügeln ein Verrutschen nach vorne verhindert. Wird das Pferd an den Sattel gewöhnt oder vor dem Reiten ablongiert, trägt es seinen gewohnten Sattel, dessen Steigbügel hochgezogen und durch den Steigbügelriemen gesichert sind.

Die kleinen Helfer

Hilfszügel werden beim Longieren eingesetzt, um das Pferd auf ein ähnliche Weise zu beeinflussen, wie es beim Reiten möglich ist. Es ist teilweise richtig und sogar sinnvoll, auf Hilfszügel zu verzichten und das Pferd unausgebunden zu longieren, insbesondere da der falsche Einsatz aller Hilfszügel zu massiven Problemen führt. Richtig eingesetzt sind Hilfszügel, wie es ihr Name andeutet, eine wertvolle Hilfe. Für alle Hilfszügel gilt es, bestimmte Regeln für den Einsatz zu beachten, auf die im folgenden Kapitel eingegangen wird.

Der bekannteste Hilfszügel ist der Ausbindezügel. Zwei Lederzügel, jeder mit einem Haken an einem und einer Schnalle am anderen Ende, wer-

AUSRÜSTUNG FÜR DIE LONGENARBEIT

Der Ausbindezügel ist zwar der gebräuchlichste, aber nicht der geeignetste Hilfszügel.

den seitlich am Sattelgurt oder einem Ring des Longiergurtes eingeschnallt und in den gleichseitigen Trensenring eingehakt. Ausbinder mit eingearbeitetem Gummiring können dem Pferd beibringen, sich über das Gebiss auf den – nachgebenden – Hilfszügel zu legen, und sollten deshalb nur eingesetzt werden, wenn die Schonung des Pferdemauls (etwa bei ersten Longierversuchen eines Anfängers) im Vordergrund steht. Ausbindezügel ermöglichen keine Dehnung und nur dann eine Biegung, wenn sie entsprechend verschnallt sind, der innere also etwas kürzer als der äußere ist. Sie fördern bei unsachgemäßem Gebrauch das Einrollen. Besser geeignet sind Laufferzügel, benannt nach einem Dressurausbilder. Innen und außen wird

jeweils ein langer, an jedem Ende mit einem Karabinerhaken versehener und in der Länge verstellbarer Riemen so eingeschnallt, dass er ein spitzes Dreieck bildet. Dazu wird ein Ende in einen oberen, seitlichen Ring des Longiergurtes gehakt, der Hilfszügel durch den Trensenring geführt und das andere Ende in einem weiter unten liegenden, seitlichen Ring des Gurtes befestigt. Dieser Hilfszügel erlaubt es dem Pferd, seine Haltung während der Arbeit zu verändern, insbesondere gestattet er in geringem Umfang ein Dehnen vorwärts-abwärts. Vorteilhaft ist außerdem die stabile seitliche Führung im Schulterbereich, die dem Pferd eine gute Anlehnung bietet. Dieser Hilfszügel ist für die meisten Zwecke günstig.

LONGIEREN – SACHKUNDIG UND SICHER

Deutlich zu erkennen ist die seitliche Anlehnung durch den Laufferzügel.

Auf den ersten Blick ähnlich, doch mit mehr Nachteilen verbunden ist der Dreieckszügel. Es gibt ihn in zwei Versionen, entweder ebenso konstruiert wie die Laufferzügel, aber eben anders verschnallt oder in Form eines Y, also mit einem mittleren Teil, der sich in zwei lange seitliche Zügel teilt. Das Ende des kurzen, Mittelstücks oder eben ein Ende jedes einzelnen Zügels wird am tiefsten Punkt der Gurtlage in den Longiergurt geschnallt, zwischen den Vorderbeinen des Pferdes nach vorne geführt und teilt sich dort. Jedes Ende wird durch den Trensenring gezogen und schließlich seitlich im Sattelgurt oder einem seitlichen Ring des Longiergurtes befestigt. Zwar ermöglicht dieser Hilfszügel eine gewisse Dehnungshaltung, doch wird das Pferd dabei zu tief eingestellt. Es kommt hinters Gebiss, gerät auf die Vorhand und läuft mit inaktivem Rücken und nachschleppender Hinterhand. Ungünstig ist außerdem das Fehlen einer seitlichen Führung.

Für drei weitere Hilfszügel muss das Kopfstück des Pferdes durch ein untergelegtes und unterhalb jedes Ohres mit einem Ring versehenes Genickstück ergänzt werden. Chambon und Gogue bestehen aus jeweils zwei Teilen. Zunächst wird ein kurzer Hilfszügel unten im Longiergurt befestigt und zwischen den Vorderbeinen des Pferdes nach vorne geführt. Dort nimmt ein Ring oder Haken ein langes, an jedem Ende mit einem kleinen Karabiner versehenes Seil auf. Dieses wird beim Chambon jeweils nach rechts und links von außen nach innen durch die unterhalb des Ohres liegenden Ringe geführt und dann oben in die Trensenringe gehakt. Beim Gogue verläuft das Seil zunächst identisch, wird aber dann durch die Trensenringe geführt und schließlich in den Ring an der Vorder-

Ein Chambon führt das Pferd in die Dehnungshaltung.

Ein Ring unterhalb des Ohrs ermöglicht den Einsatz von Chambon, Gogue und Aufsatzzügel.

brust gehakt. Beide Hilfszügel unterstützen durch den Druck aufs Genick die Dehnung, das Fallenlassen des Kopfes und helfen vor allem Pferden, die mit überhöhter Haltung oder gänzlich unelastischem Genick gehen. Das Chambon wirkt aber nicht unerheblich auch auf das Maul ein, ein Gogue ist deshalb meist vorzuziehen. Beide Hilfszügel sind ungeeignet, wenn Versammlung das primäre Ziel der Longenarbeit ist.

Schließlich soll noch der Aufsatzzügel erwähnt werden. Er besteht aus einem kurzen, in der Länge verstellbaren Riemen, der im oberen mittleren Ring des Longiergurtes befestigt wird. Er liegt auf dem Mähnenkamm des Pferdes und endet in einem Ring, durch den ein an jedem Ende mit einem Karabiner versehenes Seil läuft. Dieses wird nun rechts und links von außen nach innen durch die unterhalb des Ohres liegenden Ringe geführt und dann oben im Trensenring eingehakt. Der Aufsatzzügel ergänzt meist den Ausbinder oder Laufferzügel (besser) und verhindert lediglich, das das Pferd dem eigentlichen Hilfszügel nach unten oder innen ausweicht, sich also aufrollt. Allerdings gehört jede Kombination von zwei Hilfszügeln nur in entsprechend ausgebildete Hände, da die intensive Beeinflussung des Pferdes besondere Sorgfalt verlangt.

Grundsätzlich ungeeignet ist der Halsverlängerer, der das Einrollen fördert und die Pferde lehrt, sich auf das Gebiss zu stützen, statt sich daran abzustoßen. Auch Stoßzügel sollten beim Longieren nicht eingesetzt werden.

Longier-Arbeitsplatz

Der Einsatz des Aufsatzzügels sollte dem Fachmann vorbehalten sein.

Fest eingezäunte Longierzirkel mit einem Durchmesser von 8 bis 10 Meter (Ponys) beziehungsweise bis 12 Metern (Großpferde) sind für die Longierarbeit besonders geeignet. Sie bieten ein hohes Maß an Sicherheit und geben vor allem dem noch jungen Pferd die Anlehnung, die es anfangs braucht. Der Untergrund muss eben, rutschfest, weich und griffig, darf aber keinesfalls zu tief sein. Der Hufschlag ist regelmäßig einzuebnen und zu glätten, da sich durch das ausschließliche Gehen auf einer Kreisbahn sonst tiefe Spuren bilden oder der Boden verhärtet. Besonders vorteilhaft für den Trageapparat der Pferde sind leicht nach außen ansteigende Hufschläge.

Steht kein Longierzirkel zur Verfügung, kann eine quadratische Abgrenzung in der Halle oder auf dem Außenreitplatz eine störungsfreie Longierarbeit ermöglichen. Das freie Longieren ohne Begrenzung ist nur bei weiter fortgeschrittenen Pferden und Longenführern und dann möglich, wenn keine Störung durch Reiter zu erwarten ist.

Ein Halsverlängerer gehört zu den ungeeigneten Hilfszügeln.

Die Longenarbeit mit dem Kappzaum ermöglicht nur eine geringgradige Korrektur des Pferdes.

Einsatz der Ausrüstung

Wie bereits erwähnt, kann das einfache Laufen mit Longe und Halfter als Vorübung für Anfänger oder zum Abbuckeln genutzt werden. Gymnastizierende Effekte wie auch andere Trainingsziele fortgeschrittener Pferde und Longenführer sind mit dieser Ausrüstung nicht möglich.

Verschiedene Ziele, verschiedene Techniken

Bei der Verwendung von Kappzaum und Longe ist es dem Longenführer möglich, besser auf das Pferd einzuwirken, allerdings fast ausschließlich im Bezug auf das Tempo und indem er durch Annehmen und Nachgeben mit der führenden Hand die Nase des Pferdes immer wieder in die Bewegungsrichtung stellt. Bei sehr elastischen Pferden kann alleine damit eine recht befriedigende Longenarbeit ermöglicht werden. Korrekturen erheblicher Probleme sind allerdings meist nicht möglich.

Bei der üblichsten Form der Longenarbeit wird das Pferd auf Trense gezäumt und mit Longiergurt und Hilfszügeln gearbeitet. Die Longe kann auf verschiedene Arten befestigt werden:

- Sie wird am inneren Trensenring eingehakt. Nachteil: Der Longenführer übt einen permanenten seitlichen Zug auf das Gebiss aus.
- Sie wird durch den inneren Gebissring über das Genick geführt und im äußeren Trensenring eingehakt. Nachteil: Die Longe zieht sich schnell fest und übt dann andauernd Druck beziehungsweise Zug aus.
- Sie wird durch das Reithalfter und den inneren Trensenring geführt (Jungpferdeverschnallung).

LONGIEREN – SACHKUNDIG UND SICHER

Wird die Longe am inneren Trensenring eingehakt, wird das Gebiss nach innen durchs Maul gezogen.

Dauernder Druck und Zug wird bei dieser Form der Verschnallung ausgeübt.

So verschnallt, wirkt der Longenführer ähnlich ein wie beim Reiten.

- Sie wird in eine Longierbrille geschnallt, die ihrerseits am inneren und äußeren Trensenring befestigt wird. Nachteil: Beim Annehmen der Longe wird Druck auf den äußeren Gebissring ausgeübt.
- Sie wird durch den inneren Trensenring unterhalb des Kinnes nach außen geführt und in den äußeren Gebissring gehakt. Das Pferd wird also am äußeren Gebissring geführt wie beim Reiten auch. Nachteil: Beim Annehmen der Longe stellt sich das Gebiss im Maul auf und verursacht Druck auf die Laden und den Gaumen.

Wegen der geschilderten Nachteile bevorzugen viele Reiter und Ausbilder andere Formen der Longenarbeit. Besonders vorteilhaft sind die folgenden:

- Das Pferd wird mit Longiergurt, Hilfszügeln und Trense ausgerüstet und trägt zusätzlich einen Kappzaum. Es wird nun über das Gebiss ausgebunden, die Longe wird am Kappzaum befestigt.
- Möglich ist auch die Kombination dieser Ausrüstung mit einem Schnurhalfter statt des Kappzaums.

EINSATZ DER AUSRÜSTUNG

Ausbinden über das Gebiss, Longieren am Schnurhalfter – nur für sachkundige Hände!

- Weit ausgebildete Pferde können frei, also ohne Longe gearbeitet werden, wenn ein geeigneter Longierzirkel vorhanden ist. Sie werden mit Gebiss, Longiergurt und Hilfszügel ausgestattet und dann auf der Kreisbahn bewegt, wobei der Ausbilder sie ohne Longe, nur mit Stimme, Körpersprache und Longierpeitsche beeinflusst. Diese Methode bedarf großer Erfahrung und eignet sich außerdem nicht für alle Pferde.

Richtiger Einsatz von Hilfszügeln

Für die korrekte Verwendung von Hilfszügeln braucht der Longenführer Wissen, Erfahrung und Fingerspitzengefühl. Der unsachgemäße Gebrauch von Hilfszügeln führt zu Problemen in der Ausbildung, zu gesundheitlichen Schäden beim Pferd oder kann gefährliche Unfälle verursachen. Wer mit Hilfszügeln nicht umgehen kann, sollte sich auf das einfache Ablongieren mit Schnurhalfter oder Kappzaum beschränken.

Wird das Pferd zum oder vom Longierplatz geführt, sind die Hilfszügel auszuschnallen. Während der ersten Minuten der Lösungsphase sowie in der abschließenden Entspannungsphase sind sie ebenfalls ausgehakt und so verwahrt, dass das Pferd nicht versehentlich hineintreten kann.

Beim Einsatz während des Longierens muss darauf geachtet werden, dass sich die Nase des Pferdes bei anstehendem Hilfszügel stets deutlich vor der Senkrechten befindet. Von der Seite gesehen, trägt das Pferd sein Maul dabei etwa auf einer Höhe mit dem Buggelenk (weniger weit ausgebildete Pferde) oder dem Hüfthöcker (weiter ausgebildete Pferde) oder irgendwo dazwischen. Der Longenführer variiert die Länge seiner Hilfszügel

15

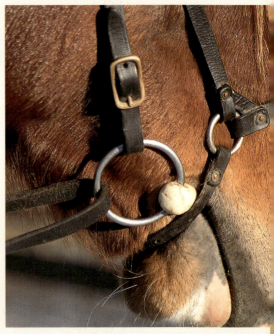

Falsch ausgebunden, entzieht sich das Pferd dem Hilfszügel.

Diese Variante erlaubt es dem Pferd, sich besser zu biegen als bei umgekehrter Führung der Hilfszügel.

je nach der aktuellen Phase der Trainingseinheit und dem Ausbildungsstand seines Pferdes. Es kann während einer Trainingseinheit notwendig sein, die Hilfszügel mehrmals zu verstellen.

Bei weniger weit ausgebildeten Pferden und zu Beginn der Trainingseinheit werden innerer und äußerer Hilfszügel gleich lang geschnallt, damit sich das Pferd gleichmäßig an das Gebiss heran dehnen kann. Ansonsten ist es üblich, den inneren etwas kürzer zu schnallen als den äußeren.

Werden Hilfszügel eingesetzt, die durch den Trensenring laufen, sind theoretisch zwei Möglichkeiten denkbar: Der Zügel wird von innen nach außen oder von außen nach innen geführt. Je nach Reitweise und Ausbilder wird die eine oder die andere Methode bevorzugt, allerdings erscheint es logisch, dass die erstgenannte Möglichkeit es dem Pferd erleichtert, die Nase nach innen zu nehmen und sich somit zu biegen.

Grundsätzlich sollte sich der Longenführer stets fragen, ob und welcher Hilfszügel beim individuellen Pferd zum aktuellen Zeitpunkt auf welche Weise sinnvoll eingesetzt werden kann, und keinesfalls die Praktiken anderer einfach kritiklos übernehmen.

Bevor Hilfszügel eingeschnallt werden, muss der Stallmut abgeklungen sein.

Grundsätze der Longenarbeit

Die drei Phasen des Trainings

Jede Trainingseinheit mit dem Pferd lässt sich in drei Phasen unterteilen. Zunächst beginnt der Longenführer damit, sein Pferd auf der bevorzugten – meist der linken – Hand zu bewegen. In der ersten Trainingseinheit, der Dehnungs-, Lösungs- oder Aufwärmphase, werden die Muskeln gelockert und gedehnt und dadurch besser durchblutet. Atmung und Pulsschlag beschleunigen sich, die Gelenkflüssigkeit im Gelenksack erreicht die notwendige Menge und Konsistenz. In dieser ersten Phase werden die Hilfszügel zunächst nicht eingeschnallt. Das Pferd darf sich im Schritt frei bewegen und wird dabei meist selbstständig Kopf und Hals nach vorne-abwärts strecken. Nach etwa fünf (Offenstallpferde) bis zehn (Boxenpferde) Minuten werden die Hilfszügel recht locker eingehakt. Nun wird das Pferd im Trab gelöst, wobei je nach individueller Veranlagung längere Trabreprisen notwendig sind, um temperamentvolle Pferde zu entspannen oder Übergänge im Vordergrund stehen, um wenig lauffreudige Pferde zu motivieren und aufmerksam zu machen.

Hat sich das Pferd auf seiner guten Seite gelöst, erfolgt ein Handwechsel. Dazu hält der Longenführer das Pferd auf der Zirkellinie an und geht mit untergesteckter Longierpeitsche unter Aufnahme der Longe in Richtung auf den Pferdekopf zum Hufschlag. Mit einer Vorhandwendung wird das Pferd in die andere Richtung gestellt und erneut angehalten. Falls nötig – je nach Einsatz von Ausrüstungsgegenständen – wird die Longe umgeschnallt und die Einstellung der Hilfszügel geändert. Während der Longenführer rückwärts an seinen Platz in

In der Arbeitsphase wird das Pferd meist ausgebunden und stärker versammelt.

der Zirkelmitte geht, wird die Longe Schlaufe für Schlaufe wieder verlängert. Dann wird das Pferd zum erneuten Antreten aufgefordert. Weiter fortgeschrittene Paare können anders vorgehen, der Longenführer kann sein Pferd bereits antreten lassen, bevor er zurück an seinen Platz geht.

Bewegt sich das Pferd auf beiden Händen schwungvoll und taktklar und nimmt es Kontakt zum Gebiss auf, kann mit der Arbeitsphase begonnen werden. In dieser Phase wird das Pferd nun, je nach Trainingsziel, stärker versammelt. Für jede Trainingseinheit sollte sich der Longenführer zuvor überlegen, durch welche Lektionen er auf welches Ziel hinarbeiten will. Während der Arbeitsphase, die etwa 15 bis 20 Minuten dauert, wird mindestens ein Handwechsel durchgeführt. Nach dem Ende der Arbeitsphase werden die Hilfszügel ausgeschnallt und das Pferd in der sich anschließenden Entspannungsphase kurz abgetrabt, wobei es in Dehnung kommen sollte. Danach wird es im Schritt bewegt, bis sich Atmung und Puls normalisiert haben. Insgesamt sollte die Longenarbeit höchstens 30 bis 40 Minuten dauern, da die dauernde Bewegung auf der Kreisbahn eine nicht unerhebliche Belastung des Trageapparates mit sich bringt.

Verständigung zwischen Pferd und Longenführer

Während jeder Phase der Longenarbeit besteht zwischen Longenführer und Pferd ein Band an gegenseitiger Aufmerksamkeit, durch das eine sehr differenzierte Verständigung möglich ist. Dabei beeinflusst nicht nur der Longenführer sein Pferd, gibt ihm durch Signale zu verstehen, was es tun, wie es sich bewegen soll. Vielmehr äußert auch das Pferd durch die Art seiner Bewegung, durch seine Reaktion auf jede einzelne Anweisung des Longenführers seine aktuellen Bedürfnisse, gibt Auskunft über seine Schwächen und Stärken. So wie der Mensch von seinem Pferd Aufmerksamkeit

Insbesondere jungen Pferden erleichtert man das Verständnis durch Einsatz der Körpersprache.

fordert, sollte deshalb auch er seine Konzentration ganz auf die gemeinsame Arbeit richten, um immer wieder flexibel auf sein Pferd eingehen zu können. Außerdem kann jedem Reiter und Fahrer empfohlen werden, sein Pferd möglichst häufig in der freien Bewegung, also unbeeinflusst auf der Weide oder im Auslauf, zu beobachten, um sich ein korrektes Bild von der individuellen Gangmechanik machen zu können.

Will sich der Longenführer seinem Pferd verständlich machen, stehen ihm verschiedene Wege der Kommunikation offen:
- über die Ausrüstung, insbesondere über Longe und Longierpeitsche,
- über seine Stimme und
- über die Körpersprache.

Je nach Ausbildungsziel und Ausbildungsniveau wird der Longenführer unterschiedliche Schwerpunkte setzen. Dem jungen Pferd fällt es leichter, die Stimme und Körpersignale seines Longenführers zu verstehen, das weiter ausgebildete Pferd hat aber gelernt, auch die über die Ausrüstung vermittelten Hilfen zu verstehen und umzusetzen.

Von besonderer Bedeutung für jede Form von Longenarbeit ist die auch „Longierdreieck" genannte räumliche Beziehung zwischen Longenführer und Pferd. Von oben gesehen bilden Longierpeitsche, Longe und Pferd ein spitzwinkliges Dreieck. Ausgehend vom Longenführer bildet die Verbindung zwischen seiner führenden Hand und dem Pferdemaul über die Longe eine lange Seite und die auf die Hinterhand gerichtete Longierpeitsche eine zweite lange Seite des Dreiecks, das Pferd selbst kann als kurze Seite des Dreiecks angesehen werden. Der Longenführer befindet sich etwa auf Höhe der Rumpfmitte des Pferdes. Er verlässt diesen Platz nur, wenn er mittels der Körpersprache Hilfen geben will oder zu seinem Pferd tritt. Ansonsten bleibt er fest an seinem Platz, indem er einen Fuß belastet und mit dem anderen um diesen gedachten Mittelpunkt dreht.

Das Longierdreieck begrenzt das Pferd vorne und hinten und führt es auf der Kreisbahn.

Gerade das junge Pferd versteht das Signal zum Vergrößern des Zirkels mittels der Körpersprache besser.

Abweichend von dieser neutralen Position kann er durch einen Schritt in die Bewegungsrichtung des Pferdes das Dreieck so verschieben, dass die von der Longe gebildete Seite verkürzt und die Seite der Longierpeitsche verlängert wird; der Longenführer steht nun etwa auf Höhe des Pferdekopfes. Das Pferd versteht diese Bewegung als verhaltende Hilfe und wird sein Tempo verlangsamen oder anhalten. Umgekehrt wirkt ein Schritt in die andere Richtung, bis der Longenführer etwa auf Höhe der Hinterhand steht: Nun verlängert sich die Seite der Longe und verkürzt sich die Seite der Longierpeitsche, eine Position, die vom Pferd als treibende Hilfe verstanden wird. Ein solcher Einsatz der Körpersprache ist nicht in jeder Reitweise üblich, manche Reitstile halten in jeder Phase der Ausbildung an dem Grundsatz fest, dass der Longenführer seinen Platz in der Zirkelmitte nur verlässt, um zu seinem auf der Zirkellinie haltenden Pferd zu gehen. Für den Einsatz der Körpersprache spricht, dass jedes Pferd das Verständnis dieser Kommunikationsform angeboren ist. Jungpferde tun sich also leichter, wenn sie zumindest anfangs unter Zuhilfenahme der Körpersprache gearbeitet werden.

Mit der Longierpeitsche werden seitwärts und vorwärts treibende Hilfen, aber keine Strafen vermittelt. Sie ersetzt die beim Reiten über Schenkel und Gesäß signalisierten treibenden Hilfen. Die Longierpeitsche wird vom Longenführer so gehalten, dass sie etwa waagrecht zum Boden steht. Die Spitze zeigt auf die Hinterhand des Pferdes, wobei einzelne Ausbilder sie je nach geforderter Gangart mal auf die Fessel (Schritt), aufs Sprunggelenk (Trab) oder auf die Kruppe (Galopp) richten. Hält der Longenführer diese Signale konsequent durch, können die Pferde so besonders fein reguliert werden.

Um eine vorwärts treibende Hilfe zu vermitteln, wird der Schlag der Longierpeitsche durch eine schlenkernde Drehung aus dem Handgelenk so geführt, dass die Hinterhand des Pferdes touchiert

GRUNDSÄTZE DER LONGENARBEIT

Meist wird die Longe so geführt.

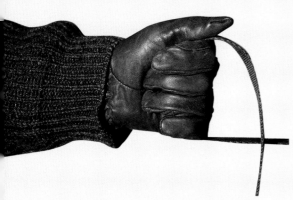

Diese Führung empfiehlt sich bei heftigen Pferden.

wird. Will der Longenführer eine seitwärts treibende Hilfe vermitteln, berührt er das Pferd mit der Spitze des Schlages am Bauch oder an der Schulter. Pferde, die etwa am Ausgang nach außen drängen, können korrigiert werden, indem der Longenführer den Schlag der Longe über den Körper hinweg führt und die Außenseite des Rumpfes touchiert. Diese und andere Feinheiten, wie etwa die

Berührung der Sprunggelenkes als Aufforderung zum vermehrten Untertreten, verlangen allerdings viel Erfahrung. Der Longenführer sollte es vermeiden, zu viel oder unkontrolliert mit der Peitsche zu wedeln, da dies die Pferde ablenkt, nervös werden lässt oder abstumpft. Die Peitsche wird nicht zum Strafen benutzt und sollte nicht zischend oder knallend eingesetzt werden.

Beim Führen des Pferdes wickelt der Longenführer den Schlag um die Peitsche und trägt sie in der linken Hand. Nähert er sich während der Longenarbeit seinem Pferd, etwa um die Hilfszügel zu verschnallen oder einen Handwechsel durchzuführen, steckt er sich die Peitsche mit dem Griff voran von hinten unter den Longenarm.

Die Longe ersetzt den Zügel und wird ähnlich eingesetzt. Bei der Arbeit auf der rechten Hand wird die Longe rechts, die Longierpeitsche und gegebenenfalls die überzähligen Schlaufen der Longe links gehalten; auf der linken Hand wird die Longe links, die Peitsche rechts gefasst. Bei der Führung einer Longe kommen zwei Möglichkeiten in Frage: Der Longenführer fasst die Longe mit der ganzen Hand so, dass sie oben zwischen Daumen und Zeigefinger heraus in Richtung auf das Pferdemaul läuft, oder er greift die Longe umgekehrt, sie läuft also unterhalb des kleinen Fingers aus der Faust. Letztere Möglichkeit empfiehlt sich besonders für heftigere Pferde.

Während der Longenarbeit wird eine stete, elastische Verbindung zwischen Pferdemaul und Hand angestrebt. Durch eine zu starre oder mit Kraft einwirkende Hand stumpfen die Pferde im Maul ab und verlieren an Laufwillen. Eine zu lockere Longe macht es dem Pferd nicht möglich, an das Gebiss heranzutreten. Zudem stört die schlackernde Eigenbewegung einer lockeren Longe das Pferd im Maul. Hält der Longenführer die führende Hand aufrecht und bilden Unterarm, Handrücken und Longe eine gerade Linie zum Pferdemaul, kann er aus dem Handgelenk oder mit dem Arm annehmen und nachgeben. Dazu darf der Ellbogen nicht an den Rumpf gepresst werden, vielmehr muss er

Die Ellbogen liegen locker seitlich am Rumpf, Longe und Peitsche werden so oder wie in der Abbildung auf Seite 5 sicher erfasst.

locker am Körper vorbei nach hinten genommen werden. Das Handgelenk darf weder durchgedrückt noch abgewinkelt werden. Wie beim Reiten gilt der Grundsatz: Zügel-, also Longenhilfen dürfen nur im Zusammenspiel mit treibenden Hilfen (Peitsche und Stimme) gegeben werden!

Mit Stimmhilfen unterstützt der Longenführer seine über Longe, Peitsche oder Körpersprache vermittelten Hilfen, in manchen Reitweisen werden Stimmhilfen auch als alleinige Hilfen eingesetzt. Solche Stimmhilfen können grundsätzlich verlangsamend oder beschleunigend wirken, aber auch das Pferd zum Wechsel der Gangart oder zum Heraustreten veranlassen. Es werden eingesetzt:
- eine beruhigende Tonlage in Verbindung mit einem leisen „Schschsch", „Brrrr" oder „Hooooo", um das Pferd zum ruhigeren Gehen aufzufordern;
- eine frische Tonlage in Verbindung mit einem auffordernden „Vorwärts!" oder ein Schnalzen mit gespitzten Lippen, um mehr Tempo einzufordern;
- „Komm, Scheritt" für den Schritt;
- „Und, Terrrab!" für den Trab;
- „Galopp" für den Galopp;
- „Haaalt" oder „Whoa!" zum Anhalten sowie
- „Geh heraus!", um den Zirkel zu vergrößern.

Natürlich können auch andere Stimmsignale nach Belieben eingesetzt werden. Wichtig ist nur
- dass man dem Pferd schon durch die Wahl der Stimmlage klar macht, ob es schneller oder langsamer werden soll, und
- das Pferd nicht zu verunsichern, indem Tonfall und efehl ständig variiert werden.

Ob Stimme, Peitsche oder Longe: Jede Hilfengebung sollte nach dem Motto „So viel wie nötig, so wenig wie möglich" erfolgen, um das Pferd sensibel zu erhalten. Trotzdem müssen alle Hilfen den

GRUNDSÄTZE DER LONGENARBEIT

Fehlen treibende Hilfen (Longierpeitsche!), gehen Aufrichtung und Takt verloren.

Charakter von Befehlen haben, das Pferd muss stets zum sofortigen Gehorsam angehalten werden. Dazu bedient sich der Longenführer einer abgestimmten Dosierung seiner Hilfen: Erfolgt keine Reaktion auf eine zurückhaltend, fein gegebene Hilfe, wird sie sofort mit größerer Intensität wiederholt, notfalls dann ein drittes Mal unter Einsatz der Körpersprache, die meist eine gute Wirkung zeigt und weniger mit der Gefahr verbunden ist, das Pferd unabsichtlich abzustumpfen. Treibende Hilfen stehen grundsätzlich in Häufigkeit und Intensität vor den verhaltenden, damit das Pferd nicht an Schwung, Takt und Aufrichtung verliert.

Der Longenführer muss lernen, seine Hilfen zeitlich aufeinander abzustimmen und je nach Notwendigkeit zu dosieren. Soll das Pferd in eine höhere Gangart übergehen, muss der Longenführer
• das entsprechende Stimmkommando geben,
• gleichzeitig mit der Hand leicht nachgeben und
• das Pferd mit der Peitsche in die nachgebende Hand treiben.

Will der Longenführer es in eine niedrigere Gangart führen,
• kombiniert er annehmende und nachgebende Longenhilfen mit
• einer Stimmhilfe bei
• passiver Peitsche.

Ähnlich geht er vor, wenn das Tempo innerhalb einer Gangart verstärkt oder zurückgenommen werden soll: Treibende Peitsche, auffordernde Stimme und nachgebende Hand verstärken das Tempo, annehmende und nachgebende Hand bei ruhiger Peitsche und beruhigender Stimme verlangsamen es.

Unbeeinflusst von Gebiss und Hilfszügel, darf das junge Pferd sich ausbalancieren.

Für jedes Pferd das richtige Training

Anlongieren junger Pferde

Die Longenarbeit spielt bei der Ausbildung junger Pferde eine wichtige Rolle. Sie wird eingesetzt, um verschiedene, grundlegende Lernziele zu erreichen:
- Das junge Pferd wird mit den Hilfen des Menschen vertraut gemacht und lernt die Bedeutung der wichtigsten Signale;
- es erwirbt die notwendigen körperlichen Voraussetzungen, um bald das Gewicht des Reiters aufnehmen zu können;
- es lernt, einen Sattel und ein Gebiss zu tragen;
- es wird anfangs unter dem Reiter ebenfalls longiert, um größtmögliche Sicherheit für beide zu gewährleisten und um einen fließenden Übergang zwischen der dem Pferd bereits vertrauten Arbeitsform – dem Longieren – und seiner neuen Aufgabe – dem Gerittenwerden – zu schaffen.

Das Anlongieren junger Pferde unterscheidet sich wesentlich von der Arbeit mit fortgeschrittenen Pferden und ist deshalb eine Aufgabe für den besonders erfahrenen Longenführer. Er muss mit Konsequenz, Einfühlungsvermögen und Umsicht vorgehen, um dem jungen Pferd Freude an der gemeinsamen Arbeit zu vermitteln, seinen Laufwillen zu fördern und schlechte Angewohnheiten wie etwa das plötzliche Umwenden auf dem Zirkel, um auf die bessere Hand zu wechseln, im Keim zu ersticken. Die ersten Versuche werden ohne Gebiss und Hilfszügel, möglichst nur mit Schnur-

FÜR JEDES PFERD DAS RICHTIGE TRAINING

Über die Longenarbeit wird das junge Pferd an seine Aufgabe als Reitpferd herangeführt.

halfter oder Kappzaum unternommen, bis das Pferd kontrolliert ein gleichmäßiges Tempo geht und die wichtigsten Kommandos versteht. Der Lernprozess wird unterstützt, indem zunächst ein Helfer das Pferd über einen Führstrick sichert und auf der Kreisbahn führt. Anhalten, Antraben, Durchparieren, alle Kommandos werden zwar vom Longenführer in der Mitte gegeben, aber vom Helfer notfalls unterstützend durchgesetzt. So ist gewährleistet, dass sich schnell ein Lernerfolg einstellt. Bald kann der Helfer den Strick lösen und sich allmählich immer mehr vom Pferd zurückziehen, bis es allein den Anweisungen des Longenführers gehorcht.

Geht das junge Pferd auf beiden Händen einen lockeren Schritt, einen taktreinen, fleißigen Trab und lässt es sich problemlos anhalten, ist das erste Lernziel erreicht. Nun wird es daran gewöhnt, einen Longiergurt zu tragen. Das Gebiss wird ebenfalls eingeschnallt, das Pferd allerdings vorerst über ein Schnurhalfter oder einen Kappzaum weiter longiert. Trägt es Zaumzeug und Gurt spannungsfrei, kann mit dem Ausbinden begonnen werden. Dabei ist darauf zu achten, das junge Pferd nicht durch zu enges Verschnallen unter Spannung zu stellen oder gar Panik hervorzurufen. Es muss immer Gelegenheit haben, in der Aufwärmphase und der Entspannungsphase ohne Hilfszügel frei vorwärts zu gehen und Kopf und Hals fallen zu lassen. Viele Übergänge, lösende Galopparbeit sowie das Verkleinern und Vergrößern des Zirkels sind wichtige gymnastizierende Elemente der Longenarbeit mit jungen Pferden. Bald wird auch der Longiergurt durch einen Sattel ersetzt und damit begonnen, das junge Pferd an das Reitergewicht zu gewöhnen.

LONGIEREN – SACHKUNDIG UND SICHER

Das Stangentraining stärkt die Muskulatur von Rücken und Bauch.

Longentraining des Reitpferdes

Die Schwerpunkte der Longenarbeit mit weiter fortgeschrittenen Pferden können recht unterschiedlich ausfallen. Longenarbeit wird eingesetzt,
- um Abwechslung in den Trainingsplan zu bringen,
- um das Pferd zu gymnastizieren,
- um bestimmte Ausbildungselemente unter dem Sattel gezielt vorzubereiten oder zu verbessern oder
- um nicht voll belastbare Pferde auf schonende Weise zu bewegen.

Empfehlenswert sind vor allem die folgenden Trainingsinhalte:
- Übergänge zwischen Gangarten und Wechsel des Gangmaßes: Häufige Übergänge sowie das Longieren mit unterschiedlichen Tempi innerhalb einer Gangart fördern die Aktivität der Hinterhand. Das Pferd richtet sich auf, entwickelt Schwung, wird aufmerksam und durchlässig.
- Veränderung der Zirkellinie: Lässt der Longenführer sein Pferd mal auf einer kleineren, dann wieder auf einer größeren Zirkellinie gehen, wird das Pferd seinen Rumpf mal mehr, mal weniger biegen, immer entsprechend der Linie, auf der es sich bewegt. Dadurch wird vor allem die Geschmeidigkeit verbessert. Enge Zirkel sollten in den langsameren Gangarten, größere dürfen in schnelleren gegangen werden.
- Stangenarbeit: Der Einsatz von niedrigen Stangen (Bodenricks) beim Longieren verbessert die Rückentätigkeit und die Aufmerksamkeit des Pferdes.

Die Stangenarbeit erfolgt grundsätzlich im Arbeitstempo Trab. Dazu wird zunächst eine Stange, nach der Gewöhnung dann bis insgesamt etwa fünf Stangen bogenförmig so auf der Kreisbahn ausgelegt, dass der Abstand der natürlichen Schrittlänge des Pferdes im Trab entspricht. Für Großpferde ist dies in der Mitte der Stangen eine Distanz von etwa 1,30 Meter. Bei weit fortgeschrittenen Pferden können die Stangen enger und höher gelegt werden, was die Versammlung, oder flach und weiter ausgelegt werden, was Dehnung und Schwungentfaltung fördert.

Ablongieren

Gerne wird die Arbeit an der Longe eingesetzt, um verspannte Pferde vor der Arbeit unter dem Sattel zu lösen. Dies ist nur sinnvoll, wenn es nicht in ein unkontrolliertes Herumrasen ausartet und gleichzeitig auch der Ursache für die Verspannung auf den Grund gegangen wird. Verspannungen, die durch Überforderung, schlecht sitzende Reiter, den falschen Einsatz von Hilfszügeln oder eine bewegungsarme Aufstallung verursacht werden, lassen sich durch Longierarbeit nicht wirklich beseitigen. Es ist allerdings durchaus sinnvoll, einzelne Pferde vor der Arbeit unter dem Sattel kurz und auf korrekte Weise zu longieren, vor allem
• junge Pferde,
• alte oder aus anderen Gründen steife Pferde,
• unkonzentrierte Pferde,
• überängstliche Pferde oder
• Korrekturpferde.

Die Longenarbeit sollte dann als Einleitung und Ergänzung zur Arbeit unter dem Sattel aufgefasst werden, nicht als Möglichkeit, das Pferd durch Abbuckeln und Rennen zu ermüden und besser kontrollierbar zu machen.

Darf das temperamentvolle Pferd sich an der Longe zunächst freilaufen ...

... wird es bei der folgenden Arbeit konzentriert kooperieren.

Nach sorgfältiger Vorarbeit gelingt das erste Aufsitzen völlig stressfrei.

Longieren unter dem Reiter

Ein Pferd kann aus zwei Gründen unter dem Reiter longiert werden: um es an das Reitergewicht zu gewöhnen oder um den Reiter auszubilden.

Als Vorübung sollten junge Pferde immer wieder am Rücken und an den Seiten berührt werden. Das junge Pferd wird angebunden oder von einem Helfer gehalten, der Sattel wird aufgelegt, der Reiter stellt immer wieder einen Fuß in den Steigbügel, wippt leicht und beginnt nach und nach mit dem Aufsitzen, wobei er sein Gewicht schnell und geschickt über das Pferd bringt. Das Pferd wird ausgiebig gelobt, der Reiter sitzt wieder ab und wiederholt diesen Vorgang mehrfach.

Sollen junge Pferde an der Longe mit dem Reiter vertraut gemacht werden, werden sie zunächst longiert, bis sie sich gelöst haben. Danach tritt der Longenführer unter Aufnahme der Longe an das auf der Zirkellinie haltende Pferd. Die Steigbügel werden gelöst, die Zügel in das Reithalfter eingeschnallt. Der Reiter sitzt auf, worauf das Pferd angeführt wird. Es empfiehlt sich, bei dieser Arbeit auf Hilfszügel zu verzichten, um das junge Pferd bei der Suche nach dem Gleichgewicht nicht einzuschränken oder zu verängstigen. Bald vergrößert der Longenführer den Abstand zum Pferd, bis er seinen Platz in der Zirkelmitte einnehmen und das Pferd wie gewohnt longieren kann. Der Reiter nimmt die Zügel zwar auf, hält sich aber mit einer Hand am Sattelriemen fest und achtet zunächst nur darauf, das Pferd nicht zu stören. Er wirkt anfangs nicht über die Zügel ein. Nach und nach wird dazu übergegangen, mit zwei Zügeln zu rei-

Sitzkorrekturen empfehlen sich auch für den fortgeschrittenen Reiter.

ten (einer wird im Reithalfter, einer im Trensenring eingeschnallt), wobei der Reiter zunächst gleichzeitig mit dem Longenführer einwirkt und der Schwerpunkt der Hilfengebung sich nach und nach auf den Reiter verlagert, der Longenführer in den Hintergrund tritt. Der nächste Schritt besteht nun darin, die Longe auszuhaken und das Pferd frei zu reiten.

Reitanfänger werden longiert, um sie mit den Bewegungsabläufen des Pferdes vertraut zu machen, ohne sie zunächst durch die Hilfengebung zu überfordern. Fortgeschrittene Reiter können vor allem von Sitzkorrekturen an der Longe profitieren. In beiden Fällen können die Pferde mit Hilfszügeln zweckmäßig ausgebunden werden, damit der Reiter zum Sitzen kommt und sich ganz auf seine Lernziele konzentrieren kann.

Stangenarbeit und Cavalettitraining

Die Grundzüge der Stangenarbeit wurden bereits genannt. Beim Stangentraining wird das Pferd meist an allen Beinen mit einem Schutz durch Gamaschen oder Bandagen versehen, vorne können zusätzlich Glocken angebracht werden. Hilfszügel, welche die Dehnungshaltung unterstützen (Chambon und Gogue), dürfen beim Stangentraining uneingeschränkt verwendet werden. Alle anderen Hilfszügel müssen, wenn man nicht auf sie verzichten will, besonders sorgfältig und unbedingt lang genug geschnallt werden, damit das Pferd mit aktivem, aufgewölbtem Rücken über die Stangen treten kann. Stangen müssen gut sichtbar sein und sich deutlich vom Bodenbelag abzeichnen. Sie

Cavalettiblöcke eröffnen zahlreiche Möglichkeiten für die Stangenarbeit.

werden an den Seiten durch Cavalettiblöcke gesichert und dürfen nicht frei ausgelegt werden, da sie sonst beim Anstoßen mit einem Huf unkontrolliert rollen. Werden sie auf Kreuze gelegt, dürfen diese nur so niedrig sein, dass sich die Longe nicht darin verhängen kann. Das Stangentraining findet am besten nicht im Longierzirkel, sondern in einer Reitbahn statt, damit der Longenführer seinen Zirkel immer wieder verändern kann. Er longiert sein Pferd zunächst ohne Stangen warm, verlagert dann die Zirkellinie durch einige Schritte seitwärts so, dass nun das Pferd über die Stangen geführt wird, und geht nach einigen Runden zurück auf seinen ursprünglichen Platz. So ermüdet das Pferd nicht zu schnell, was beim Stangentraining zu Unfällen führen würde.

Stangen können unter anderem auf die folgende Art ausgelegt werden:
- eine einzelne Stange;
- vier Stangen in gleichmäßigen Abständen auf der Zirkellinie verteilt (also eine Stange pro Himmelsrichtung);
- Stangenreihen mit bis zu fünf Stangen in der natürlichen Schrittlänge des Pferdes im Trab;
- Stangenreihen mit bis zu fünf Stangen, die mittlere dabei leicht erhöht;
- Stangenreihen mit bis zu fünf Stangen in gegenüber der natürlichen Schrittlänge leicht vergrößerten Abständen;
- Stangenreihen mit bis zu fünf etwas erhöhten Stangen in leicht verringerten Abständen.

Zwar können verspannte, im Rücken feste Pferde durch sachgerechte Stangenarbeit gelöst werden, bei falscher Durchführung – insbesondere dem falschen Gebrauch von Hilfszügeln – aber verschlimmert sich ihr Zustand. Die Longenarbeit über Stangen und Cavaletti sollte deshalb fortgeschrittenen Longenführern vorbehalten sein.

Probleme und Lösungen

Treten beim Longieren Schwierigkeiten auf, überprüft der Longenführer zunächst grundsätzlich die eigene Vorgehensweise und die Ausrüstung. Viele scheinbare Widersetzlichkeiten des Pferdes haben ihre Ursache im unsachgemäßen Gebrauch von Peitsche, Longe und vor allem von Hilfszügeln. Mangelnder Gehorsam insbesondere kann sowohl auf Überforderung – das Pferd versteht die Anweisungen nicht oder kann sie noch nicht durchführen – als auch auf Unterforderung – das Pferd langweilt sich – zurückgeführt werden.
Jedes Problem stellt den Longenführer vor drei Fragen:
1.) Warum handelt mein Pferd so?
2.) Wie korrigiere ich es?
3.) Wie verhindere ich künftig dieses Fehlverhalten?
  Besonders häufig wird der Longenführer mit den folgenden Problemen konfrontiert:

Das Pferd stürmt unkontrollierbar davon
Besonders temperamentvolle Pferde reagieren gerne mit einigen Freudensprüngen zu Beginn des Trainings oder beim ersten Galopp, dies kann ohne weiteres geduldet werden. Häufiges, unkontrolliertes Rennen, womöglich im Außen- oder Kreuzgalopp, allerdings bringt Pferd und Longenführer in Gefahr und macht sinnvolles Arbeiten unmöglich. Als Ursachen kommen vor allem eine bewegungsarme Aufstallung, zu große Kraftfuttergaben, Überforderung, Angst und Schmerz in Frage. Diese Gründe müssen abgeklärt und beseitigt werden.
  Stürmende Pferde werden möglichst beidhändig longiert, indem also eine Hand die Longe und die zweite Hand die überzähligen Schlaufen hält. Im Falle des Falles hat man so mehr Kraft. Ausgebundene Pferde oder Pferde, die im Kreuzgalopp oder Außengalopp gehen, müssen schnell durchpariert werden. Dazu lenkt der Longenführer sie möglichst

Fehlt eine feste Umzäunung, können solche eigentlich harmlosen Aktionen böse enden.

auf eine optisch feste Einzäunung oder bildet selbst durch ein paar Schritte seitwärts, in die Bewegungsrichtung hinein, eine für das Pferd verwährend wirkende Begrenzung. Pariert das Pferd durch, sollte die Longe zunächst kürzer gefasst werden, bevor der Longenführer es wieder antreten lässt.

LONGIEREN – SACHKUNDIG UND SICHER

Das Pferd hält an, kommt nach innen oder wendet

Diese Fehler werden, wenn möglich, sofort und in der Bewegung korrigiert, um beim Pferd keine gedankliche Verbindung zwischen Fehlverhalten und Arbeitspause aufkommen zu lassen. Probleme dieser Art treten vor allem auf der vom Pferd weniger geliebten, meist der rechten Hand auf. Bei guter Verbindung über die Longe und konsequentem Treiben können sie meist verhindert oder im Keim erstickt werden. Übergangsweise kann es helfen, wenn der Longenführer nicht im Zirkelmittelpunkt steht, sondern sich auf Höhe der Kruppe hält und mitläuft, wobei er einen kleinen Kreis um den Mittelpunkt beschreibt. Aus dieser treibenden Position heraus können die genannten Probleme verhindert werden. Sobald wie möglich sollte der Longenführer wieder auf seine gewohnte Position rücken.

Das Pferd ist faul

Faulheit stellt sich gerne ein, wenn das Pferd sich langweilt, beständig zu stark getrieben wird und deshalb abstumpft, wenn die Hilfszügel falsch eingestellt sind oder es an Abwechslung in der Longenarbeit fehlt. Faule Pferde werden möglichst nicht länger als 20 Minuten longiert, wobei der Schwerpunkt auf vielen Übergängen liegt. Auch Stangenarbeit wirkt motivationsfördernd, solange das Pferd dabei nicht ermüdet wird.

Das Pferd geht nach außen gestellt oder fällt über die Schulter aus

In beiden Fällen liegt der Fehler beim Longenführer. Entweder sind die Hilfszügel falsch verschnallt oder es wird versucht, ein steifes Pferd ohne Hilfszügel zu longieren, was zwar prinzipiell möglich ist, aber viel Erfahrung und eine sehr differenzierte Einwirkung des Longenführers erfordert. Verzichtet der Longenführer auf Hilfszügel, muss er das möglichst am Kappzaum longierte Pferd konsequent immer wieder in die Bewegungsrichtung stellen und gut nachtreiben, um es allmählich zu lockern. Erfolgversprechender ist der sachgerechte Einsatz eines Hilfszügels, wobei beim Verschnallen immer darauf zu achten ist, dass die Nasenlinie des Pferdes gut vor der Senkrechten bleibt und das Pferd bei beidseitig in Kontakt stehendem Hilfszügel (möglichst Laufferzügel) entsprechend der Linie, auf der es sich bewegt, gebogen ist – nicht mehr, aber auch nicht weniger! Wird das Pferd aber durch zu enge Hilfszügel verfrüht in eine Biegung gezwungen, wird es sich verspannen.

Sachkundiges Longieren verzichtet auf Showeffekte, misst dem Faktor Sicherheit große Bedeutung zu und fragt immer danach, wie das individuelle Pferd gearbeitet werden muss, gearbeitet werden möchte. Dann, und nur dann, wird das Longieren zu einer ebenso effektiven wie motivierenden Arbeitsform, die Reiter und Pferd ein gutes Stück voranbringt!

Sachgerechtes Longieren bringt Reiter und Pferd weiter und einander näher.